BEI GRIN MACHT SICH
WISSEN BEZAHLT

Bibliografische Information der Deutschen Nationalbibliothek:

Die Deutsche Bibliothek verzeichnet diese Publikation in der Deutschen National-
bibliografie; detaillierte bibliografische Daten sind im Internet über http://dnb.d-
nb.de/ abrufbar.

Impressum:

Copyright © 2019 GRIN Verlag
Druck und Bindung: Books on Demand GmbH, Norderstedt Germany
ISBN: 9783668945555

Dieses Buch bei GRIN:

https://www.grin.com/document/470646

Jonas Strasser

Aus der Reihe: e-fellows.net stipendiaten-wissen

e-fellows.net (Hrsg.)

Band 3092

Facebook als Akteur im Spannungsfeld zwischen öffentlichen und privaten Interessen

GRIN Verlag

Universität Bayreuth

Studiengang: Philosophy & Economics

Blockseminar: Corporate Governance und Unternehmensethik

Sommersemester 2018

Facebook als Akteur im Spannungsfeld zwischen
öffentlichen und privaten Interessen

Vorgelegt von:

Jonas Strasser

Abgabedatum: 15.04.2019

Inhaltsverzeichnis

1. Facebooks Vision „Bringing the World closer together"

„Facebook's mission is to give people the power to build community and bring the world closer together"[1], betitelt der Betreiberkonzern des gleichnamigen und nutzermäßig weltweit größten sozialen Onlinenetzwerks[2] *Facebook* seine Unternehmensmission auf dem eigenen offiziellen Presse-Internetportal. Die Vision Facebooks ist also die Selbstbefähigung ihrer Nutzerinnen und Nutzer, sich global in unkomplizierter Weise miteinander zu vernetzen, Inhalte auszutauschen sowie sich über aktuelle Neuigkeiten und vieles mehr zu informieren. Zudem nahm Facebook in den letzten Jahren eine immer größere – wenn auch per se passive - Rolle bei verschiedensten gesellschaftspolitischen Bewegungen ein, indem es als Plattform zur Projektkoordination diente, sowie als Medium zur politischen Meinungs- und Willensbildung und nicht zuletzt natürlich als Werbeplattform für Akteure, um diese selbst und deren Inhalte zu vermarkten.

Die Diskursethik befasst sich im Grunde mit der Frage, selbstverständlich neben der Begründung des diskursethischen Moralprinzips, inwiefern ein „guter" zwangloser Diskurs ausgestaltet sein soll und welche Regeln und tatsächlichen Diskurspraktiken also gelten sollten[3]. Gerade aus der Sicht der Governanceethik ist die letztgenannte Frage der konkreten Ausgestaltung eines deliberativen Forums – also letztlich der „Ort" und die Art und Weise eines Diskurses – entscheidend[4], metaphilosophische Begründungsfragen sind für die Beobachtungen in dieser Studienarbeit nicht relevant.

Letzten Endes impliziert Facebook mit seiner genannten Vision also, einen praktischen diskursethischen Beitrag zu leisten; schließlich kann das soziale Online-Netzwerk als deliberatives Forum angesehen werden. Somit fungiert Facebook einerseits als Anbieter eines deliberativen Forums, aber andererseits ist Facebook als börsennotiertes Unternehmen natürlich auch an privatwirtschaftliche Interessen gebunden und dabei selbst auch Teilnehmer eines deliberativen Forums im Sinne eines ständigen Dialogs mit seinen Stakeholdern, wobei Letzteres von Seiten Facebooks tendenziell reaktionär und nicht so sehr proaktiv getätigt wird, was häufig auf den großen öffentlichen Druck aufgrund der Marktmacht von Facebook und des damit verbundenen großen medialen Interesses zurückzuführen ist.

---

[1] Facebook, Inc. 2019a.

[2] Vgl. We are Social, Hootsuite, DataReportal 2019.

[3] Vgl. Werner 2002: S. 140ff.

[4] Vgl. Marx 2010: S. 3ff.

Diese Studienarbeit stellt einen Versuch dar, jenes Spannungsfeld zwischen privaten und öffentlichen Interessen, in dem sich der Akteur Facebook befindet, allen voran aus einer diskursethischen Perspektive heraus näher zu beleuchten.

So gliedert sich diese Arbeit wie folgt: Zuerst findet eine Klärung der wichtigsten relevanten Begrifflichkeiten der Diskursethik statt sowie eine definitorische Abgrenzung verschiedener qualitativer Stufen eines Diskurses nach einem Vorschlag des Governanceethikers Josef Wieland. Anschließend wird das Praxisbeispiel des Facebook-Konzerns und seiner gleichnamigen Online-Plattform herangezogen: Hierbei soll zuerst ein kurzer Überblick über den organisationalen Hintergrund des Facebook-Unternehmens gegeben werden. Sodann folgt jeweils eine Analyse Facebooks als Anbieter und als Teilnehmer eines deliberativen Forums und inwiefern dies einen diskursethischen Beitrag darzustellen vermag. In einer abschließenden kritischen Zusammenfassung soll resümierend auf die Ambivalenz hinsichtlich der verschieden gearteten Interessenslagen von Facebook eingegangen werden und inwiefern dies mit den Rollen als gleichermaßen Anbieter und Teilnehmer eines deliberativen Forums zusammenhängt. Dessen folgend soll noch ein kleiner Ausblick in die Zukunft gewagt werden.

2. Grundlagen der Diskursethik

Vorerst sollen wissenschaftlich-philosophische Grundlagen von Deliberationen, bzw. allgemeiner der Diskursethik, gelegt werden sowie eine Klärung einiger fundamentaler Begriffe stattfinden und inwieweit Deliberationen als ideal, idealistisch oder real bezeichnet werden können, wobei sich diese Studienarbeit allen voran auf Jürgen Wielands Definitionen – ausgehend von den Grundlegungen nach Jürgen Habermas - bezieht und sich nicht mit der weitreichenden ideengeschichtlichen Auseinandersetzung zu dieser Thematik beschäftigt. Jene Einteilungen erleichtern das Verständnis eines späteren Einordnungsversuchs des Beispiels Facebook im Rahmen der Diskursethik.

2.1 Übersicht zur Ethik der Deliberation

Ohne näher auf philosophiegeschichtliche Hintergründe, Begründungen und Debatten der diskursethischen Disziplin einzugehen, sollen im Nachfolgenden allen voran grundlegende Begriffe anhand der bekanntesten Denktraditionen gelegt werden, gerade in der Diskursethik wird diese zumeist repräsentiert durch Jürgen Habermas.

Im Allgemeinen lässt sich Diskursethik als eine metanormative Disziplin begreifen, die schlussendlich zu begründen und durchzuführen versucht, durch die prozedurale Methodik[5] eines Diskurses mit verschiedenen relevanten Akteuren eine letztliche legitimatorische Konstatierung bzw. „Rechtfertigung von *Handlungsnormen*"[6] zu finden.

Den Begriff *Diskurs* definiert Habermas als „die durch die Argumentation gekennzeichnete Form der Kommunikation [...], in der problematisch gewordene Geltungsansprüche zum Thema gemacht und auf ihre Berechtigung hin untersucht werden"[7]. Dies bedeutet, dass in einem solchen Diskurs durch gegenseitig dargebrachte Argumentation ein „rational motiviertes Einverständnis"[8] erreicht werden solle, wobei dieses oft politische oder ethische Legitimität gesellschaftlichen Handelns erzeugen soll[9].

Konkret lässt sich dieser Prozess durchführen in einem *deliberativen Forum*, das sich – je nach Definition – als „formal public hearing, in which a representative group of the population is invited to debate a particular policy issue"[10] beschreiben lässt. Kurz gesagt ist dies also ein Diskurs bestehend aus relevanten und möglicherweise von der zu diskutierenden Thematik tangierten gesellschaftlichen Gruppen – den sogenannten *Stakeholdern* – über ein distinktes politisches Thema, wobei jener Legitimation erzeugt und die gesellschaftliche Praxis berücksichtigt[11], also die realen Determinationen bei menschlicher Entscheidungs- und Gesprächsführung anerkennt.

2.2 Abgrenzung von idealen, idealistischen und realen Diskursen

In der diskursethischen Auseinandersetzung ist es in Bezug auf die konkrete reale Anwendung generell von großer Bedeutung, unter welchen konkreten Regeln ein solcher Diskurs stattfinden solle[12] sowie welche Eigenschaften die Teilnehmer ebendieses aufweisen sollten[13]. Aufgrund der Kürze dieser Studienarbeit soll derartiges jedoch nicht näher vertieft werden, vielmehr soll

---

[5] Vgl. Gottschalk-Mazouz 2000: S. 17.

[6] Ott 2004: S. 143.

[7] Habermas 1973: S. 214.

[8] Habermas 1981: S. 71.

[9] Vgl. Wieland 2007b: S. 13.

[10] Kjær 2004: S. 56.

[11] Vgl. Wieland 2007b: S. 24.

[12] Vgl. Wieland 2007b: S. 16.

[13] Vgl. Gottschalk-Mazouz 2000: S. 20.

lediglich ein grober Überblick zur qualitativen Abgrenzung von sogenannten *idealen, idealistischen* und *realen* Diskursen geschaffen werden, die eine spätere diskursethische Einordnung des Beispiels Facebook vereinfachen.

Nach Jürgen Wieland sind bei der qualitativen Bewertung von Diskursen im Besonderen folgende drei Merkmale entscheidend[14]: Die *Effektivität* bewertet den tatsächlich erreichten Output eines Diskurses in qualitativer Hinsicht und die *Diskurseffizienz* beschreibt im Grunde den qualitativen Zusammenhang zwischen Dialog-Produktivität sowie der dabei anfallenden Transaktionskosten des Diskursprozesses per se; diese beiden ersten Kriterien sind „output-orientierte Formen der diskursiven Legitimitätsbeschaffung"[15]. Mit *Verfahrens-* bzw. *demokratischer Legitimität* hingegen meint Wieland die Legitimität eines Diskurses, die unter anderem auf einer fairen Stakeholder-Teilnahme beruht[16], und im Allgemeinen ist dieses Kriterium als input-orientiert zu verstehen[17].

Gemäß dieser drei Kriterien – den beiden output-orientierten der Effizienz und der Effektivität sowie dem input-orientierten Kriterium der Verfahrenslegitimität – lässt sich in qualitativer Hinsicht eine Einordnung in drei Diskurs-„Kategorien" erstellen. Ein Diskurs, der das input-orientierte Kriterium der demokratischen Legitimität in voller Weise erfüllt, würde erfordern, ausnahmslos *alle* möglicherweise von einer zu diskutierenden Sache tangierten Stakeholder in diesen Prozess miteinzubinden und würde ein unverbesserliches Maß an demokratischer Diskurspraktiken erfordern, was beispielsweise unbegrenzte Rede- und Erwiderungszeiten uvm. zur Bedingung machen könnte sowie Entscheidungen eine ausnahmslos 100%-Zustimmung aller erfordern würde, wobei Kompromisse dabei etwaig nicht zugelassen sein dürften, da solche womöglich die Superiorität einer Entscheidung infrage stellen könnten. In einem theoretischen Vakuum ist dies durchaus möglich und gar wünschenswert, da dies wohl ein maximal-superiores und ein für alle Parteien befriedigendes Ergebnis hervorrufen dürfte; allerdings ist genau das in der Praxis nicht umsetzbar, da in der realen Welt die Ressourcen Zeit, lokale Gegebenheiten, menschliche Diskursmotivation et cetera empirisch nachweisbar determiniert sind, was eine gänzliche Nichterfüllung der output-orientierten Kriterien zur Folge hätte, würde man diese Determinanten nicht berücksichtigen und gänzlich output-desorientierte Strategien verfolgen.

---

[14] Jürgen Wieland nimmt dabei in Wieland 2007b: S.25 ebenso Bezug auf Jon Elster, Jonas Meckling sowie Anne Mette Kjær

[15] Wieland 2007b: S.41.

[16] Vgl. Wieland 2007b: S. 25.

[17] Vgl. Scharpf 1997: S. 153ff.

Aus jenen Gründen gilt ein solcher, eben erläuterter, Diskurs in der realen Welt als nicht umsetzbar und wird *idealistischer Diskurs*[18] genannt. Dieser steht somit im Gegensatz zum Möglichkeitsbereich der *realen Diskurse*, die sich dadurch charakterisieren, dass sie „moralische Überzeugungen und Knappheit in ein Verhältnis bringen"[19].

Reale Diskurse präsupponieren also die in der menschlichen Welt vorhandenen Determinationen und versuchen, die Verfahrenslegitimität sowie die diskursprozedurale Effizienz in einen gegenseitigen Trade-Off zu stellen, sodass am Ende zwar unter Umständen nicht die theoretisch bestmögliche, aber doch ein sinnvoller Output generiert wird – denn genau das ist bei Realversuchen einer praktischen Umsetzung von idealistischen Diskursen nicht zwingend möglich, da die Determinante Zeit im Diskursprozess keine Rolle spielt und deswegen eine zeitige Ergebnisfindung nicht angestrebt werden würde zugunsten der Verfahrenslegitimität[20]. Ein realer Diskurs kann aber zulasten eines – oder gar beider – der genannten Kriterien[21] gehen und einen unausgewogenen Trade-Off billigen, was somit wiederum negative Auswirkungen auf die tatsächliche Effektivität hätte.

Dahingegen stehen bei *idealen Diskursen* die beiden Kriterien Effizienz und Verfahrenslegitimität in einem ausgewogenen Verhältnis zueinander und beide werden gleichermaßen positiv erfüllt, was somit auch als einzige aller Diskursformen eine positive und erstrebenswerte Effektivität generiert[22]. Dieser eng zulässige Rahmen ist in der Praxis jedoch häufig nur schwer erreichbar, wobei Wieland für eine ständige Optimierungsbereitschaft plädiert. Hinsichtlich der Effektivität muss somit durch einen solchen Diskurs stets ein besseres und hinsichtlich ihrer qualitativen Güte superiores Ergebnis als durch andere realerweise umsetzbaren Verfahrensmöglichkeiten entstehen[23] – wobei als Referenzpunkt auch hierarchische Ordnungsmodelle dienen könnten[24]. Die Effizienz eines Diskurses soll dabei zudem adaptiv verstanden werden, also sich an den jeweiligen Gegebenheiten orientieren und so eine bestmögliche Effizienz – auch im Zusammenspiel mit den anderen Kriterien – zu erreichen versuchen[25].

---

[18] Vgl. Wieland 2007b: S. 43.

[19] Wieland 2007b: S. 45.

[20] Vgl. Wieland 2007b: S. 43.

[21] Konkret der Effizienz und der Verfahrenslegitimität; die Effektivität eines Diskurses resultiert sich schließlich hieraus.

[22] Vgl. Wieland 2007b: S. 42.

[23] Vgl. Wieland 2007b: S. 25.

[24] Vgl. Wieland 2007b: S.42.

[25] Vgl. a. a. O.

3. Das Beispiel Facebook

Im Nachfolgenden soll die Untersuchung eines Praxisbeispiels näher das Spannungsfeld zwischen privaten und öffentlichen Interessen unter anderem aus einer governanceethischen bzw. diskursethischen Perspektive heraus tendenziell näher beleuchten, in welchem sich privatwirtschaftliche Unternehmen häufig befinden. Eine entsprechende Zusammenfassung dieser Dilemma-Situation findet sich allerdings erst in Kapitel 4.

Konkret soll hierfür nun das Beispiel des Facebook-Konzerns und seines gleichnamigen sozialen Netzwerks herangezogen werden, was aufgrund seiner weltweiten Marktmacht seinem indirekten gesellschaftspolitischen Einflusses wegen der Vorreiterstellung im Bereich Social Media als vergleichsweise für diese Studienarbeit am geeignetsten erscheint. Einleitend erfolgt eine Kurzübersicht zum Unternehmen per se, um die organisationalen und strukturellen Hintergründe dieses Beispiels näher zu verstehen. Davon ausgehend folgt eine Darstellung der beiden Rollen Facebooks sowohl als Anbieter eines deliberativen Forums mit dem gleichnamigen sozialen Onlinenetzwerk sowie als Teilnehmer eines deliberativen Forums im Sinne eines Stakeholder-Dialogs.

3.1 Überblick zum Facebook-Konzern

Facebook, Inc. (nachfolgend oft als „Facebook-Konzern" oder ähnlichem bezeichnet) ist ein im Jahr 2004 gegründetes und offiziell in Delaware inkorporiertes[26], mittlerweile börsennotiertes und global agierendes Unternehmen mit faktischem Geschäftssitz im US-kalifornischen Menlo Park und weltweit mehr als 35.000 Mitarbeitern[27].

Wie schon in Kapitel 1 kurz dargestellt, lautet die offizielle Unternehmensmission des Facebook-Konzerns:

> Our mission is to give people the power to build community and bring
> the world closer together.[28]

Das Facebook-Unternehmen versucht diesem Ziel mit verschiedenen Produkten nachzukommen, welche eine digitale und geräteübergreifende Vernetzung von Menschen ermöglicht sowie entsprechende Cyber-Räume und Funktionen anbietet, welche verschiedene

---

[26] Vgl. Secretary of State – State of Delaware 2012.

[27] Vgl. Facebook, Inc. 2019b: S. 1ff.

[28] A. a. O.: S. 5.

Arten der Kommunikation sowie des Teilens von Inhalten ermöglicht[29]. Konkret bietet der Konzern diverse Produkte an, allen voran zu nennen sind hierbei das älteste Produkt des Konzerns und das weltweit nutzermäßig größte soziale Netzwerk *Facebook*, die Foto-und Video-Sharing-Plattform *Instagram*, *Messenger* als stark mit dem sozialen Netzwerk *Facebook* verknüpfter Messaging-Dienst, *WhatsApp* als plattformal davon unabhängiger Messenger sowie *Oculus* als Software-, Hardware- und Entwickler-„Ökosystem" für Virtual Reality-Produkte[30].

Finanzielle Haupteinnahmequelle des Facebook-Konzerns sind dabei Werbeeinnahmen[31], die das Unternehmen vor allem durch personalisierte und nutzerdatenbezogene Online-Anzeigenplatzierung in den meisten der zuvor genannten Produkte bzw. in denen von Drittanbietern generiert[32], wobei das Unternehmen hierbei auf die durch das Nutzerverhalten gesammelten Informationen zurückgreift, die ein zielgerichtetes Werben vereinfachen.

3.2 Facebook als Anbieter eines deliberativen Forums: Das soziale Netzwerk

Ab nun soll das Haupt- und ursprüngliche Produkt des Facebook-Konzerns im Mittelpunkt stehen, wobei die Analysen hierbei in großem Maße ebenso für die anderen von Facebook angebotenen Produkte gelten können. Explizit handelt es sich also um das Online-Netzwerk *Facebook*, welches im Januar 2019 mit 2271 Millionen monatlich aktiver Nutzer das nutzermäßig größte soziale Netzwerk bzw. Messenger-Dienst weltweit darstellte[33].

Facebook ist eine mittlerweile seit 2004 bestehende Online-Plattform, welche es ihren registrierten Nutzern erlaubt, sich in vielfältiger Weise mit anderen Menschen zu vernetzen und Inhalte zu teilen. Diese weltweite Kommunikation in Echtzeit wird durch zahlreiche Funktionen ermöglicht – von klassischen Chattools, bis hin zu Sprach-/Videotelefonie oder Umfrage-Tools et cetera – sowie der Möglichkeit, sich in öffentlichen oder privaten Gruppen auszutauschen. Ebenfalls besteht dabei die Möglichkeit, sich an Diskussionen zu beteiligen, indem man Beiträge anderer direkt kommentieren oder bewerten kann, was verschiedene Reaktionsbuttons mit

---

[29] Vgl. Facebook, Inc. 2019b: S. 1ff.

[30] Vgl. Facebook, Inc. 2019b: S. 5.

[31] Vgl. Hall 2012.

[32] Vgl. Facebook, Inc. 2019b: S. 5.

[33] Gefolgt wird Facebook dabei von der Video-Sharing-Plattform YouTube der Alphabet Inc.-Gruppe, welche 1900 Mio. monatlich aktiver Nutzer verzeichnet. Die stark mit *Facebook* verknüpfte Messaging-App *Messenger* rangiert auf Platz 4 mit 1300 Mio. monatlich aktiver Nutzer, dies spricht in großem Maße für die Marktmacht des Facebook-Konzerns im Bereich Social Media. Vgl. dazu We are Social, Hootsuite, DataReportal 2019.

konnotierten Emotionen wie „Gefällt mir" oder einem Ausdruck von Wut oder Trauer in standardisierter Weise zulassen.

Auch für Unternehmen, Marken und Personen des öffentlichen Lebens steht die Möglichkeit offen, sich dort entsprechend interaktiv und in direktem Kontakt mit den Nutzern zu präsentieren[34]. Der Gründer dieses sozialen Netzwerks und heutige Konzern-CEO, Mark Zuckerberg, skizziert mit der Aussage „We exist at the intersection between technology and social issues"[35] den großen sozialen und gesellschaftlichen Einfluss Facebooks durch die angebotene Technologie. Der Facebook-Konzern bietet also mit dem sozialen Netzwerk ein grundsätzlich für jedermann offenes deliberatives Forum an, dessen diskursethische Eigenschaften nun etwas näher anhand Jürgen Wielands Kriterien[36] analysiert werden sollen[37].

Aufgrund der grundsätzlichen Offenheit Facebooks besteht das theoretische Potenzial, das input-orientierte Kriterium der *Verfahrenslegitimität* vollends zu erfüllen; schließlich kann sich jeder mit Internetanschluss in gleicher Weise und unbegrenzt an Diskursen beteiligen. Einschränkungen bestehen hierbei aufgrund der Möglichkeit von geschlossenen Forengruppen und Privatchats sowie weiterer Privatsphäremaßnahmen, d. h. Nutzer können sich in privater Weise vernetzen und so ein abgeschlossenes deliberatives Forum bilden, zu dem bewusst nur bestimmte Stakeholder zugelassen werden, wobei eine demokratisch legitimierte Selektion dieser nicht gegeben sein muss. Facebook überlässt die personelle Auswahl allein den Nutzern, es gibt also per se keine übergeordnete Administrations-Instanz, die für demokratische Legitimität sorgen würde – sofern dies nicht gruppenintern selbst initiiert sein sollte. Ebenso widerstrebt der intransparente Facebook-Algorithmus der generellen demokratischen Legitimität, da Nutzern im Allgemeinen gemäß ihrer Interessen Inhalte automatisch nur priorisiert und vorselektiert angezeigt werden. Dies kann zu einer Bildung von sogenannten *Filterblasen* führen, welche eine Fragmentierung dieser Online-Deliberativ-Foren in viele homogene Einheiten vorantreiben können. Ein stattdessen heterogener Diskurs mit Stakeholdern, deren geteilte Inhalte aufgrund des Algorithmus tendenziell einer anderen Filterblase zugeordnet werden, sind in der Praxis zwar durchaus gegeben, aber aufgrund dieser künstlich geschaffenen Barriere durchaus weitaus seltener als theoretisch möglich und der individuelle Nutzer muss diese zumeist erst spezifisch

---

[34] Vgl. Nations 2019.

[35] Lee 2014: S. xiii.

[36] Vgl. Kapitel 2.2.

[37] Die meisten der nun folgenden Analysen in Bezug auf Facebook wurden anhand der tatsächlichen Web-Präsenz durchgeführt. Die URL zur Startseite des sozialen Netzwerks ist im Literaturverzeichnis unter Facebook, Inc. 2019d aufgelistet.

umgehen, da vielen Facebook-Nutzern dies entweder nicht bewusst ist oder schlichtweg als unproblematisch zu erscheinen vermag[38].

Generell ermöglicht die Facebook-Plattform allerdings ein sonst nur schwer erreichbares hohes Maß an *Diskurseffizienz*, da die Transaktionskosten gegen 0 gehen[39] und ein lokal ungebundener Diskurs in Echtzeit mit zahlreichen hilfreichen und zusätzlich effizienzsteigernden Funktionen möglich ist. Ein Nachteil hierbei scheint lediglich in der unbeschränkten Nutzungsfreiheit der Akteure zu liegen, was bedeutet, dass es keinerlei ernsthafte Beschränkungen hinsichtlich Anzahl und Länge Kommentaren eines Individuums gibt sowie standardmäßig keine regulierenden Moderationsposten eingerichtet sind. Dies kann zu einem erheblichen inhaltlichen, aber auch zeitallokativen Effizienzverlust führen.

Die *Effektivität* dieses deliberativen Forums ist darüber hinaus stark abhängig von der jeweiligen Ausgestaltung des individuellen Diskurses – sofern aufgrund interner Vereinbarungen eine sinnvolle Diskursmoderation durchgeführt wird oder nur wenige Akteure an einem Diskurs teilnehmen, ist meist ein effektiver Diskurs auf Facebook möglich. Allerdings besteht selbst dann die Gefahr von Manipulationen durch Chat-Bots oder Falschinformationen[40], welche den Diskurs und damit auch die Effektivität womöglich manipulieren und blockieren könnten.

Alles in allem lässt sich sagen, dass Facebook grundsätzlich die Mittel für ein funktionierendes und theoretisch auch effektives deliberatives Forum im Sinne eines idealen Diskurses zur Verfügung stellt; die tatsächliche Effektivität oder Qualität davon hängt allerdings individuell stark von der Komplexität und weiteren Faktoren ab. Es ist auch nicht per se gegeben, dass jeder auf Facebook geführter Diskurs mit dem initialen Ziel einer output-orientierten Deliberation geführt wird, sondern eher als ungezwungene „Freizeit"-Kontemplation oder –Konversation angesehen werden kann. Aus diesen Gründen lässt sich keine allgemeingültige Tendenz für das Verteilungsverhältnis zwischen den einzelnen in Kapitel 2.1 behandelten Diskurskriterien ableiten, da die Vielschichtigkeit sowohl der Nutzer und ihrer persönlichen Motivation als auch der Arten der Diskursmöglichkeiten auf der Plattform selbst zu vielschichtig sind.

---

[38] Vgl. Lischka 2011.

[39] Im Jahr 2016 nutzten 89,6% der deutschen Bevölkerung regelmäßig das Internet. Dies präsupponiert ebenso eine angemessene technische Ausstattung zur Nutzung dessen. Beides sind neben rechtlicher und intellektueller Eignung generell die einzigen Voraussetzungen für eine Facebook-Nutzung, die induktiv auch bei tendenziell 89,6% der deutschen Bevölkerung gegeben scheint. Aufgrund dieser vorliegenden Daten- und Faktenlage lassen sich für die Überlegungen in dieser Studienarbeit die Transaktionskosten vereinfacht gegen 0 rechnen.

[40] Vgl. Lee 2014: S. 170ff.

3.3 Facebook als Teilnehmer eines deliberativen Forums: Der Stakeholder-Dialog

Der Facebook-Konzern ist als börsennotierte Aktiengesellschaft erstmals grundlegend seinen Shareholdern unterworfen. Die genaue Aktionärsstruktur ist nicht bekannt bzw. es existieren sich teilweise widersprechende Informationen, allerdings befindet sich der mit Abstand größte Teil - mindestens über 80% - im Streubesitz[41] und ein Großteil befindet sich ebenso im Besitz von Kapitalbeteiligungsgesellschaften[42]. Zweifelsohne kann dies die Qualität des Stakeholder-Dialogs beeinflussen, da die Geschäftsführung und die verantwortlichen Personen in erster Linie die Interessen der Shareholder und erst nachrangig die der Stakeholder befrieden müssen.

Facebook selbst wirbt hinsichtlich der eigenen Nachhaltigkeitsbestrebungen mit folgenden Aussagen:

> We believe sustainability is about more than operating responsibly. It's an opportunity to support the communities we're a part of and make a bigger impact on the world. That's why we're working to minimize the impact of our energy, emissions and water usage, protect workers and the environment in our supply chain, and partner with others to develop and share solutions for a more sustainable world.[43]

Facebooks Fokus liegt also wie bei vielen anderen Unternehmen auch auf den eher „klassischen" Feldern der Corporate Social Responsibility (CSR), wie beispielsweise nachhaltiger Supply-Chains sowie der Reduktion des Eigenverbrauchs nicht-regenerativen Energien et cetera. Gleichzeitig betont der Social Media-Betreiber aber auch implizit seine gesellschaftspolitische Rolle in der Welt und inwiefern sie als Teil dieser ihren Beitrag hierzu leisten bzw. das auch in Kooperation mit anderen Akteuren erreichen können[44], wobei konkrete Maßnahmen von Seiten des Unternehmens zumindest frei zugänglich nur in unzureichender Form gelistet und präsentiert werden. Es scheint, als bewertet Facebook allein das Anbieten seiner sozialen Netzwerke als gesellschaftlich hochwertig und nachhaltig; tatsächlich erleichtert Facebook die Kommunikation von gesellschaftlichen Aktivisten[45] erheblich und trägt nicht zuletzt dadurch in enormer Weise

---

[41] Vgl. Finanzen.net 2019.

[42] Vgl. Wallstreet Online 2019.

[43] Facebook, Inc. 2019c.

[44] Vgl. a. a. O.

[45] Beispielsweise organisierten politische Aktivisten in zahlreichen arabischen Staaten ab 2010 im sog. „Arabischen Frühling" zahlreiche Aufstände via Facebook, was z. T. nachhaltige Auswirkungen auf die dortigen Gesellschaften nach sich zog.

zur politischen Willens- und Meinungsbildung bei[46]. Wichtig hierbei ist, dass Facebook dabei allerdings de facto zwar nicht als direkter Teilnehmer am selbst zur Verfügung gestellten deliberativen Forum agiert, aber aufgrund des zuvor genannten Zitats und des darin vorgestellten Selbstverständnisses davon ausgegangen werden kann, dass Facebook sich selbst eine erhebliche Rolle am deliberativen Prozess zuschreibt, womit dem Konzern in dieser Hinsicht eine passive Akteursrolle zugeschrieben werden kann und somit in diesem Rahmen auch eine passive Rolle in sämtlichen Dialogen unter dritten Stakeholdern weltweit. Wie im vorangegangenen Kapitel aber bereits erläutert, ist diese Rolle nicht automatisch nur *passiv*, denn dem Konzern steht es jederzeit frei, die entsprechenden Technologien oder zugrundeliegenden Algorithmen zu modifizieren und kann dadurch das öffentliche Geschehen indirekt doch wieder *aktiv* mit beeinflussen. Nach zunehmender öffentlicher Kritik unter anderem aufgrund dieses Umstands bzw. aufgrund intransparenter interner Regeln beispielsweise zur Löschung von Hassrede-Inhalten, fordert das Facebook-Unternehmen mittlerweile politische Instanzen dazu auf, sich hier entsprechend stärker legislativ einzubringen[47].

Nachdem sich Facebook nach verschiedenen Datenskandalen in öffentlichkeitswirksamer Weise von Datenschützern weltweit kritisiert sah sowie von einzelnen Staaten zu öffentlichen Anhörungen geladen wurde[48], tritt Facebook in der Vergangenheit nun verstärkt in der Öffentlichkeit als Akteur auf, der sich als Wertschätzer der Privatsphäre seiner Nutzer versteht und hierfür mittlerweile zum Teil weitreichende technische Maßnahmen ergreift, um den Forderungen dieser Stakeholder nachzukommen[49].

In beiden Fällen lässt sich jedoch beobachten, dass Facebook einen eher passiven Stakeholder-Dialog zu pflegen scheint. Im einen Beispiel fordert Facebook so andere Stakeholder dazu auf, entsprechend Antworten auf Fragen zu finden, die im Kern für beide Seiten von großem Interesse sind; das Unternehmen suchte hierbei also keinen direkten Dialog oder folgte nur reagierend den Einladungen von Regierungsinstitutionen beispielsweise für Anhörungen, die gewissermaßen auch als Stakeholder-Dialoge kategorisiert werden können. Im anderen Beispiel reagierte der Konzern auch nur auf den extern entstandenen öffentlichen Druck mit konkreten Maßnahmen, ohne von selbst in erster Instanz den Stakeholder-Dialog zu suchen. Gerade in Anbetracht dieses letzten Fakts ist interessant, dass der Konzern mittlerweile gar proaktiv Bürgerrechtler und Datenschützer anwirbt, um diese im Konzern angestellt und für

---

[46] Vgl. Lee 2014: S. 231f.

[47] Vgl. Feld 2019.

[48] Vgl. Jansen 2018.

[49] Vgl. Mičijević 2019.

Datenschutzfragen zuständig sein zu lassen[50], was sich in gewisser Weise gar als Inkorporation von Stakeholdern verstehen lässt und somit erst recht die Dimension des eigentlichen Stakeholder-Dialogs zu einem rein unternehmensinternen Dialog transformiert.

Im Allgemeinen lässt sich natürlich ebenso nicht klären, ob das Stakeholder-Engagement aus intrinsischer Motivation oder aus rein ökonomischem Kalkül geschieht, um größeren wirtschaftlichen Schaden aufgrund des ohnehin wegen der Datenschutz-Skandale entstandenen Imageverlustes zu vermeiden[51] - schließlich ist in einer solchen Situation das Erfüllen der Stakeholder-Forderungen ja auch im Sinne der Shareholder. Das wiederum lässt vermuten, dass zwar de facto den Forderungen der Stakeholder nachgegangen wird, dies aber nur aufgrund des Shareholder-Interesses getätigt wurde und sich dadurch wiederum der Begriff des „Stakeholder-Dialogs" kritisch hinterfragen lässt, zumal dies meist ja ohnehin nur passiv bzw. als Reaktion auf externen Druck geschah. Inwieweit dies auch auf die Bestrebungen in anderen CSR-Bereichen zutrifft, lässt sich nicht abschließend klären, wobei Facebook hier eine proaktive Rolle einzunehmen scheint, wenngleich auch weniger dialogisch in Kooperation mit Stakeholdern, wobei die geringe Datenlage hier nur Vermutungen zulässt.

Resümierend scheint bei Facebooks Teilnahme an deliberativen Foren im Rahmen eines Stakeholder-Dialogs eine wirkliche demokratische Verfahrenslegitimität nur bei offiziell von Regierungsinstitutionen initiierten Konsultationen vorzuherrschen und weniger aufgrund eigener Dialog-Bestrebungen; das Kriterium der Effizienz lässt sich aufgrund der Komplexität hier nicht in aller Kürze bewerten, die Effektivität der Teilnahme an Stakeholder-Dialogen scheint aber aufgrund mehrfach angekündigter, weitreichender Datenschutz-Reformen durch Facebook hoch zu sein.

4.   Kritische Zusammenfassung hinsichtlich Facebooks Ambivalenz zwischen öffentlichen und privaten Interessen sowie Ausblick

Zusammenfassend lässt sich beim Facebook-Konzern – wie generell bei privatwirtschaftlichen Unternehmen – ein Dilemma zwischen privaten und öffentlichen Interessen erkennen, wobei am Beispiel Facebook deren Verfolgen öffentlicher Interessen in ganz erheblichem Maße von der Weltöffentlichkeit, politischen Instanzen sowie Nicht-Regierungsinstitutionen überprüft und in einem vergleichsweise sehr hohen öffentlichen Interesse steht, was unter anderem auf die enorme Marktstellung sowie den Einfluss auf gesellschaftspolitische Prozesse zurückzuführen ist. Die

---

[50] Vgl. Werner 2019.

[51] Vgl. Leitherer 2018.

privaten Interessen – welche unter anderem ja durch das Anbieten eines sozialen Netzwerks auch gleichzeitig einen großen gesellschaftspolitischen und dadurch öffentlichen Beitrag leisten - werden dabei häufig von der Öffentlichkeit eher nachrangig thematisiert.

Einerseits bietet Facebook gemäß der eigenen Unternehmensmission ein deliberatives Forum an, wobei das Unternehmen dabei eben vorrangig nur als Bereitsteller der Rahmenbedingungen in Erscheinung tritt; allerdings hat Facebook nicht zuletzt durch die zugrundeliegende Technologie und die Programmierung der Algorithmen – und somit der jeweiligen Priorisierung der auf der Plattform anzuzeigenden Inhalte anhand der vorangegangenen Interessen eines distinkten Individuums – dennoch einen maßgeblichen Anteil an der Qualität dieses deliberativen Forums, da die alleinige Gewalt über diese Art der Priorisierung bei den Plattformbetreibern liegt und die entsprechenden Quellcodes oder Selektionskriterien dafür bislang weder offengelegt wurden noch einer Prüfung durch Dritte unterzogen wurde – und das obwohl diesen ein so eklatanter Einfluss auf sämtliche gesellschaftspolitischen Prozesse weltweit zugeschrieben wird, sowohl in negativem als auch positivem Sinne.

Andererseits nimmt Facebook an einem deliberativen Forum teil, indem es in einem steten Dialog mit seinen Stakeholdern steht und so einen Ausgleich zwischen wirtschaftlichen und gesellschaftlichen Interessen zu schaffen versucht[52]. Hier ist jedoch nur nicht klar, ob dies aus intrinsischer Motivation geschieht oder aufgrund des ökonomischen Kalküls, einem Image-Verlust zu entgehen bzw. etwaig dadurch den Marktwert gar zu steigern. Auffällig ist allerdings, dass Facebook in aller Regel – mit Ausnahme des Entwicklerforums „F8"[53], wobei dies eher als Recruiting- und Think-Tank-Event und weniger als klassischer Stakeholder-Dialog angesehen werden kann - nie proaktiv einen Stakeholder-Dialog im Rahmen eines größer angelegten Forums einberuft oder ähnliches – geschweige denn, hierfür die selbst angebotenen und eigentlich dafür geeigneten Social Media-Plattformen nutzt. Dies geschah in der Vergangenheit – zumindest öffentlichkeitswirksam – nur, wenn ein anderer Stakeholder wie beispielsweise Regierungen oder Parlamente Facebook zu einem direkten Dialog geladen hatten, wobei dies auch nie zu einer ernsthaften Deliberation im sozialen Netzwerk geführt hat.

Dies alles zeigt, dass Facebook zwar einerseits die Importanz seiner Rolle sowohl als Anbieter eines deliberativen Forums als auch als – wenn bisher meist passiver – Teilnehmer eines deliberativen Forums mit der Öffentlichkeit erkannt hat, aber andererseits wohl nur wenig bereitwillig zu sein scheint, am Status-Quo proaktiv etwas zu verändern. Facebooks Strategie mag sein, seine eigene Mission zur weltweiten Vernetzung proaktiv stets fortentwickeln zu wollen, was

---

52 Vgl. Wieland 2007b: S. 51.
53 Vgl. Facebook, Inc. 2019e.

sich ja auch am hohen Eigenengagement bzgl. der Rolle als Anbieter eines deliberativen Forums zeigt, wobei dies wohl aber auch auf betriebswirtschaftliches Kalkül und privatwirtschaftliche Interessen zurückzuführen ist, schließlich besteht hier die Möglichkeit zur positiven Skalierung des eigenen Marktes. Jegliche Veränderung auf dem Gebiet des Stakeholder-Dialogs bedeuten hingegen gewisse Unsicherheiten; gerade vor dem Hintergrund, dass Facebook als Pionier und Marktführer im Social Media-Bereich die möglicherweise negativen Auswirkungen einer jeden gesetzlichen Regulierung am ehesten erfahren dürfte. Negative Imageschäden dagegen wirkten sich zumindest kurz- und mittelfristig offenkundig nicht so negativ aus als man intuitiv erwarten würde, da das Facebook-Krisenjahr 2019 - entstanden durch Skandale aufgrund eines vorgeworfenen unzureichenden Datenschutzes - sogar Rekordgewinne erzielen ließ[54].

Alles in allem ist sich Facebook seiner beiden Rollen und Interessenslagen also scheinbar sehr wohl bewusst und kommt den Stakeholdern hier immer weiter zugute, wenngleich auch nur reagierend; gleichermaßen wird das Unternehmen nicht müde, seine Rolle und den positiven Einfluss auf die Gesellschaft zu betonen. So lange die eindeutige Marktstellung des Unternehmens erhalten bleibt, besteht auch kein Grund zu einer ernsthaften Strategieänderung.

Aus Sicht der Diskursethik bietet die Facebook-Plattform bereits heute eine hochwertige Möglichkeit zur Durchführung von effektiven deliberativen Foren – zumindest aus der governanceethischen Perspektive Josef Wielands. Dabei darf man zwar die zum Teil noch starken Nachteile nicht ausblenden, jedoch arbeitet das Facebook-Unternehmen stets an der Verbesserung ihres sozialen Netzwerks. Es bliebe nur noch zu wünschen übrig, dass auch Organisationen jeglicher Art dieses große Potenzial erkennen und vielleicht sogar in einem Dialog mit Facebook an der Weiterentwicklung der Plattform arbeiten, um am Ende nicht nur gemäß Facebooks Vision Menschen zu verbinden, sondern auch tatsächlich Diskurseffektivität zu erzeugen und ein neues Zeitalter einer *digitalen Diskursethik* einzuläuten.

---

[54] Vgl. Weddeling 2019.

16

Literaturverzeichnis

Facebook, Inc. (2019a): "Company Info"; https://newsroom.fb.com/company-info/ (abgerufen am 14.04.2019).

Facebook, Inc. (2019b): *Annual Report pursuant to Section 13 or 15(d) of the Securities Exchange Act of 1934 for the fiscal year ended on December 31, 2018 – Form 10-K;* Washington, D. C.: United States - Securities and Exchange Commission.

Facebook, Inc. (2019c): *Sustainability Overview;* Menlo Park: Facebook, Inc.

Facebook, Inc. (2019d): *Facebook;* https://www.facebook.com/ (abgerufen am 14.04.2019).

Facebook, Inc. (2019e): *F8;* https://www.f8.com/ (abgerufen am 14.04.2019).

Feld, Christian (2019): „Zuckerberg im ARD-Gespräch: ‚Brauchen aktivere Rolle der Politik‘"; in: *tagesschau.de Wirtschaft;* https://www.tagesschau.de/wirtschaft/interview-zuckerberg-101.html (abgerufen am 14.04.2019).

Finanzen.net (Hrsg., 2019): "Facebook Aktie"; in: *finanzen.net – Börse;* https://www.finanzen.net/unternehmensprofil/facebook (abgerufen am 13.04.2019).

Gottschalk-Mazouz, Niels (2000): *Diskursethik: Theorien – Entwicklungen – Perspektiven;* Berlin: Akademie.

Gottschalk-Mazouz, Niels (Hrsg., 2004): *Perspektiven der Diskursethik;* Würzburg: Königshausen & Neumann.

Habermas, Jürgen (1973): „Wahrheitstheorien"; in: Fahrenbach, Helmut (Hrsg., 1973): *Wirklichkeit und Reflexion. Walter Schulz zum 60. Geburtstag;* Pfullingen: Neske.

Habermas, Jürgen (1981): *Theorie des kommunikativen Handelns, Band 1: Handlungsrationalität und gesellschaftliche Rationalisierung;* Frankfurt am Main: Suhrkamp.

Hall, Mark (2012): „Facebook – American Company"; in: *Encyclopedia Britannica;* https://www.britannica.com/topic/Facebook (abgerufen am 10.04.2019).

Jansen, Jonas (2018): „Facebook überarbeitet Privatsphäre-Einstellungen"; in: *FAZ.net;* https://www.faz.net/aktuell/wirtschaft/diginomics/facebook-aendert-privatsphaereeinstellungen-nach-datenskandal-15516891.html (abgerufen am 13.04.2019).

Kjær, Anne Mette (2004): *Governance;* Cambridge: Polity Press.

Lee, Newton (2014): *Facebook Nation: Total Information Awareness;* New York: Springer.

Leitherer, Johanna (2018): „Facebook versinkt im Daten-Debakel"; in: *Springer Professional;* https://www.springerprofessional.de/datensicherheit/social-media/facebook-versinkt-im-daten-debakel/15556182 (abgerufen am 14.04.2019).

Lischka, Konrad (2011): „Vorgefiltertes Web: Die ganze Welt ist meiner Meinung"; in: *Spiegel Online*; https://www.spiegel.de/netzwelt/web/vorgefiltertes-web-die-ganze-welt-ist-meiner-meinung-a-750111.html (abgerufen am 15.04.2019).

Marx, Daniela (2010): „Die Ethik der Governance – Josef Wieland"; in: *Seminar: Konzepte der Wirtschafts- und Unternehmensethik, Sommersemester 2010*; Hohenheim: Universität Hohenheim.

Mičijević, Anis (2019): „So glaubwürdig sind die Privatsphäre-Versprechen von Facebook-Chef Zuckerberg"; in: *Handelsblatt*; https://www.handelsblatt.com/unternehmen/it-medien/datenschutz-debatte-so-glaubwuerdig-sind-die-privatsphaere-versprechen-von-facebook-chef-zuckerberg/24075956.html?ticket=ST-1453202-ORGSi9RvyKdUbKD47vOt-ap2 (abgerufen am 13.04.2019).

Nations, Daniel (2019): „What is Facebook?"; in: *Lifewire*; https://www.lifewire.com/what-is-facebook-3486391 (abgerufen am 13.04.2019).

Ott, Konrad (2004): „Noch einmal: Diskursethik"; in: Gottschalk-Mazouz 2004.

Scharpf, Fritz W. (1997): *Games Real Actors Play: Actor-Centered Institutionalism in Policy Research*; Boulder: Westview Press.

Secretary of State – State of Delaware (2012): *Restated Certificate of Incorporation – 3835815 File*; Dover: Division of Corporations.

Wallstreet Online (Hrsg., 2019): „Facebook Registered (A)"; in: *wallstreet:online*; https://www.wallstreet-online.de/aktien/facebook-registered-a-aktie/unternehmensprofil (abgerufen am 13.04.2019).

We are Social, Hootsuite, DataReportal (2019): "Ranking der größten sozialen Netzwerke und Messenger nach der Anzahl der monatlich aktiven Nutzer (MAU) im Januar 2019 (in Millionen)"; in: *Statista*; (abgerufen am 10.04.2019).

Weddeling, Britta (2019): „Datenskandal kann Facebook nicht stoppen – Gewinn steigt auf fast 5 Milliarden Dollar"; in: *Handelsblatt*; https://www.handelsblatt.com/unternehmen/it-medien/aktienkurs-legt-kraeftig-zu-datenskandal-kann-facebook-nicht-stoppen-gewinn-steigt-auf-fast-5-milliarden-dollar/21215764.html?ticket=ST-168140-F1TVWrcDg5cTVbdjPJne-ap2 (abgerufen am 15.04.2019).

Werner, Kathrin (2019): „Ein Seitenwechsel, wie er unwahrscheinlicher kaum sein könnte"; in: *Süddeutsche Zeitung*; https://www.sueddeutsche.de/digital/facebook-whatsapp-datenschutz-cardozo-eff-1.4309308 (abgerufen am 14.04.2019).

Werner, Micha (2002): „Diskursethik"; in: Düwell, Marcus, Hübenthal, Christoph, Werner, Micha (Hrsg., 2002): *Handbuch Ethik*; Stuttgart/Weimar: Metzler.

Wieland, Josef (Hrsg., 2007a): *Governanceethik und Diskursethik – ein zwangloser Diskurs*; Marburg: Metropolis.

  - (2007b): „Idealistische, ideale und reale Diskurse. Governanceformen des Diskurses"; in: Wieland 2007a.